Impressum

Bibliografische Information der Deutschen Nationalbibliothek: Die Deutsche Nationalbibliothek verzeichnet diese Publikation in der Deutschen Nationalbibliografie; detaillierte bibliografische Daten sind im Internet über www.dnb.de abrufbar.

© 2017 Thomas Aebischer
Herstellung und Verlag:
BoD – Books on Demand, Norderstedt

ISBN 9783746009568

Thomas Aebischer

WIR SIND ES – ODER AUCH NICHT

IM KREISLAUF DER LIEBE

an dich   für mich

Das erste Mal

das erste Mal	dich sprechen hören
das erste Mal	dich lachen sehen
das erste Mal	mich von dir berühren lassen
das erste Mal	mit dir Wein trinken
das erste Mal	mit deinen Kindern spielen
das erste Mal	mich in dir verlieren
das erste Mal	gemeinsam Leben gestalten
das erste Mal	mit dir verreisen
das erste Mal	mich bei dir gehen lassen
das erste Mal	mit jemandem alt werden wollen
das erste Mal	sagen, ich liebe dich
das erste Mal	hoffen, es möge so bleiben
das erste Mal	wissen: **du bist es**

damals und heute
ein für alle mal

Wir sind es

ein Klick und es hat geklickt,
du in der Nussschale,
umspült von Petricor,
sanftes einander entgegen gleiten.

Schreiben und lesen,
sprechen und schweigen,
Stimmen so stimmig,
Hand unter der Decke.

Erlösung und hoffen,
dass du es sein mögest,
jetzt und für immer,
Berührung, vor dem ersten Sehen.

Und dann, ja begreifen,
mit den Händen und der Zunge,
wissen, ja: du bist es,
erkennen und nachhause kommen.

Du und ich, immer wieder du und ich,
verschmelzen und erkennen...

Wir sind es.

Gezeiten des Lebens

Durchsichtig spiegelt sich die
Unendlichkeit im Hain,
lädt uns ein zu verweilen, wo die Erde den
Himmel berührt,
flüstert uns Schmetterlinge in den Bauch,
die den Regenbogen bunt umflattern.

Durchsichtig atmen wir die Unendlichkeit
in unser Heim,
wo wir lieben und leben und unsere
Zungen erkunden die Welt,
die wir uns selber schöpfen.
Erschöpft schmiegen wir uns aneinander
und sind Himmel und Erde,
durchsichtig vereint in den Gezeiten des
Lebens.

Bleiben im Bleiben

Wir kleiden uns in Nacktheit,
schälen uns bis unter die Haut,
lassen Mond und Sonne durch uns
scheinen
und leuchten im Bleiben.

Wir lassen Vögel uns durchfliegen,
folgen der Spur in die Dämmerung,
wo Tag und Nacht sich umarmen
und schmelzen im Bleiben.

Wir lassen uns treiben im Urgrund,
durchreiten die Wellen,
die sich in den Horizont ergiessen
und bleiben im Bleiben.

Heimatflüsterin

Du flüsterst mir Worte ins Ohr,
die ich mir, seit ich bin, erträume.

„Ich liebe dich bedingungslos,
mit dir will ich alt werden,
ich bleibe, für immer,
du bist es."

Es sind nicht Worte,
es sind Träume, die sich ins Leben
ergiessen.
Du gibst mir Boden und Heimat.
Ich fühle mich endlich angekommen.

Du bist meine Heimatflüsterin.
Ich verliere mich in dir
und finde mich.
Du und ich, wir schöpfen aus unserer
Traumwelt und gestalten eine neue
irdische Welt.

Wir sind es.

Der grosse Baldachin

Unter dem grossen Baldachin des weiten
Himmels atmen wir,
du und ich, dieselbe Luft, ernähren uns
vom selben Geist,
verbinden uns im unendlichen All und
berühren uns auf der tragenden Erde,
du und ich, eingebettet im grossen
Ganzen, vereint, hier und dort,
jetzt und ewig,
du und ich, zusammen und all-ein.

Du bist es

Seit ich dich kenne ist das Leben nicht
mehr so wie es einst war.
Etwas hat sich gelöst, aufgemacht, sich
befreit und führt mich zur
Quelle meines Seins.
Seit ich dich kenne ist das Leben
durchsichtig
und ich sehe dich, mich und die Welt und
alles, was dahinter steckt.

„Du bist es", drei Worte, jedes für sich ein
Mysterium,
im Zusammenhang eine Offenbarung.

Ich bin nicht trunken vor Liebe,
ich bin präsent in der Klarheit.

Im Fluss

In der Stille tauchen Antworten auf, nach
denen wir nie gefragt haben.
Sie umspülen uns und tragen uns an Orte,
wo selbst Antworten überflüssig werden.
Wir sind im Fluss.

Getränkter Nebel

Immer wieder umhüllt mich der Nebel,
getränkt von Tropfen deines Wesens.
Kann mich nicht wehren, ohne mich zu
verlieren.
Und so lass ich die Tropfen über mich
gleiten und die Sehnsucht weicht der
Ruhe.
Der Weg ist die Ausweglosigkeit,
ein stiller Schmerz in Zuversicht.
Wird der Nebel sich lüften?
Werden wir uns in Klarheit begegnen?
Ich weiss es nicht und ertrag es kaum.
Und doch treibt mich etwas Tag für Tag
weg von dir und vielleicht gerade deshalb
zu dir.
Du bist da und doch frage ich:
Wo bist du, wo bist du wirklich?
Die Sprachlosigkeit ist allgegenwärtig,
erdrückt mich und vielleicht auch dich.
Was uns so leicht und unbekümmert zu
einander gespült hat,
ist auf einmal mit dem menschlichen
Bewusstsein schwer geworden.
Das Denken in alten Mustern führt uns
dorthin, wo wir alles versuchen,
dem Schicksal entgegen zu wirken
und uns einander zu verwehren.
Warum? Ich weiss es nicht.
Und so überlass ich mich dem Nebel,
der getränkt ist von deinem Wesen.

Sucht

Wir kämpfen gegen die Sucht, uns nach
einander zu sehnen
und sind gespannt, was dann von dir und
mir übrigbleibt.
Wie werden wir uns begegnen,
wenn wir uns wahr-genommen haben?
Als Süchtige lösen wir Angst aus
und so lassen wir uns ent-täuschen,
damit wir uns als ganze Wesen ein
Gegenüber sein können.
Was wird sich in uns verändern, wenn wir
spüren, dass die Schatten unserer
verzerrten Sicht nicht mehr nach uns
greifen?
Im Moment spüren wir uns in der Angst
und in der Sucht.
Was wird sein, wenn wir uns befreien?
Wird es dich und mich als uns noch
geben?

Winter

Mit Wehmut blicke ich zurück auf eine
Zeit, als die innere und äussere Welt mit
einander verwoben waren.
Dich vor mir zu sehen war dasselbe wie
dich in mir zu tragen.
Unsere Sinne tanzten im Reigen der Fülle.
Die beiden Welten schmolzen zusammen
und versprachen Frühling.

Heute empfinde ich den Schnitt in meiner
Brust.
Dich vor mir zu sehen ist nicht mehr
dasselbe, wie dich in mir zu tragen.
Unsere Worte und Schwingungen zielen
ins Leere und bewegen sich im Totentanz.
Die beiden Welten trennen sich und
verheissen Winter.

Die Brücke

Die Brücke steht in Flammen,
unsere erloschene Leidenschaft hat sie
entzündet.
Rauch beisst uns die Augen aus,
macht uns blind für einander.
Unterkühlt von kaltem Feuer
stehen wir am Abgrund.
Ein unüberwindbarer Graben schneidet
uns entzwei in bogenlose Säulen.
Mahnmale geborstener Liebe,
getöteter Augenblick.

Die Brücke steht in Flammen,
unsere verzerrten Bilder haben sie
entzündet.
Rauch beisst uns die Sprache weg,
macht uns stumm für einander.
Entgeistert durch den Geist des Feuers
sinken wir zu Boden.
Flüssige Luft verbrennt uns
zu loser Asche.
Staub geplatzter Träume,
verstummte Sprache.

Vielleicht bedeutet es Liebe

So wie du meinen Körper wortlos mit
Leichtigkeit gefüllt hast,
so empfinde ich jetzt die Schwere deines
Schweigens.
Das Unausgesprochene aus der Quelle des
Undenkbaren erhob uns über die Grenze
der alltäglichen Sprache.
Das Schweigen hingegen wurzelt im
begrenzten Denken,
der Ohnmacht, sich in der Wortlosigkeit zu
Recht zu finden.
Du hast meinen Lebensraum betreten in
Wortlosigkeit und in Schweigen.
Vielleicht bedeutet es Liebe, beides
zuzulassen.

Nicht mehr wollen

Wir leben das Leben aus der Motivation
des eigenen Willens.
Wir tun so, als wären wir glücklich, weil
wir es wollen.
Wir geben uns spontan und leichtzüngig,
weil wir es wollen.
Wir haben gewählt und tragen die Maske
der Selbstzufriedenheit.
Begegnet uns etwas, das dem eigenen
Wollen entgegen wirkt, tun wir so, als wäre
es einem falschen Traum entsprungen.
Wir beenden die fremde Berührung, weil
wir es wollen.
So leben wir wie immer unter der Maske
des Wollens und glauben, dies sei das
wirkliche Leben.

Ich will nicht mehr wollen.

Du bist es

Du bist es, für dich, für mich
Ich bin es, für mich, aber nicht mehr für
dich.
Du hast mich gegen ihn getauscht.
Wir sind es, heisst für dich, du und er.
Wir sind es, heisst für mich noch immer,
du und ich.

Ich liebe dich.

So oder so

Du gehst von mir
und kommst bei ihm.
Du spreizt deine Beine
und ich weine.

Dein Schoss weit offen,
nichts mehr zu hoffen.
In deiner Augen Glanz
der neue Schwanz.

Du lässt dich lecken,
ums Verrecken,
nimmst sein Glied
ohne Unterschied.

Ganz egal, wer, wie und wo,
du willst kommen, so oder so.

Spiegel des Mondes

Nacht für Nacht
im Spiegel des Mondes,
träum ich von dir,
trink deine Augen.

Tag für Tag,
in glühender Sonne,
vergess ich zu leben,
verzehr mich nach dir.

Umnachtet der Mond
den brennenden Tag,
bin ich in Dir,
verstummt meine Klag.

Zartes Erwachen

Die schwarze Nacht umgarnte mein Herz.
Im Dunkeln verdrängt ich den Schmerz.
Verloren in unendlichen Weiten,
vergass ich den Lauf der Gezeiten.

Die Pforte zum Himmel verschlossen.
Triebhaft gehetzt, unverdrossen
und doch auf dem Weg zur Brücke,
auf dass die Vision mir glücke.

Am Horizont der neue Morgen,
weggewischt die alten Sorgen.
Meine Seele beginnt zu schwingen.
Höre Engel aus der Ferne singen.

Zuversicht, den Schritt zu wagen,
vorwärts gehen, nicht verzagen.
Bin verzaubert, bin bei mir,
mag mich und dich, ohne Gier.

Will dir und mir Vertrauen schenken,
mich vom Gefühl der Liebe lenken.
Jeder für sich und doch verbunden.
Zartes Erwachen, heilende Wunden.

Liebe des Lebens

Du, Liebe meines Lebens,
bist verschwunden,
bei dir und mir tiefe Wunden,
doch Liebe heisst verzeihen und vergeben,
ich träum dich zurück in mein Leben.

Leben

Ich habe wieder Augen, die nicht nur dich
sehen,
ich habe wieder Ohren, die nicht nur dich
hören,
mein Herz schlägt nicht mehr nur für dich.

Ich kann mich wieder sehen,
höre mir zu und folge meinem Herzschlag,
der mich zurück ins Leben führt, zu dem
auch du gehörst.

Die Mauer

Ich stehe vor der Mauer, die du zwischen uns hochgezogen hast. Ich erkenne dich nicht mehr. Den Versuch, hinter die Mauer in deine Welt zu blicken habe ich aufgegeben, du brauchst Ruhe und Schutz. So beginne ich die grauen Steine von aussen zu bemalen und mit Visionen und Träumen voll zu schreiben, so lange bis ich auch deine Mauer liebe. Wenn du magst, komm raus und gib dich den farbenfrohen Träumereien hin und starte mit mir den gemeinsamen Traum ohne Mauern.

Atmen

Mein Mädchen, mit dir will ich sein,
solange ich atmen kann, obwohl du es
bist, die mir den Atem immer wieder
nimmt...

Und trotzdem, höre nie auf damit...

Du bedeutest viel

Liebe, Glück, Friede, Freude, Familie,
Verschmelzung, Nahrung für die Seele,
Konfrontation, Schmerz, Versöhnung,
Alltag, Kinder, Trauer, Verständnis,
Wachstum, Trost, Herausforderung, meine
Frau des Lebens, Vertrauen, reisen,
unterwegs sein, weinen, gehalten werden,
du sein dürfen, Bedingungslosigkeit, da
sein für einander, Aufrichtigkeit,
Schmetterlinge, Poesie, Wein, an Wunder
glauben, Himmel auf Erden...

Du siehst, du bedeutest mir viel, aber
nicht alles...

Eine Welt mit dir

Eine Welt ohne Dich, kein Problem,
eine Welt mit dir, alles was ich mir
wünsche.

Du fehlst

Ich atme die Frische des Waldes,
tanze im Reigen der Schmetterlinge,
bade im sanften Murmeln des Baches,
singe bei Sonnenuntergang mit der
Nachtigall,
schmelze in den Strahlen der Sonne,
fliege mit dem Adler in den Himmel.
Alles fügt sich zu einem wunderbaren
Ganzen.

Nur du fehlst.

Himmel

Ist nur der Himmel gut genug für uns,
oder reicht die Erde auch...?

Ich lasse ich los

Ich lass dich los, öffne mein Herz und lass
dich fliegen, lass mich fallen aus dem
Schutz deiner Flügel, ich falle und falle in
mein eigenes Nest, füttere mein inneres
Kind, das mir zuflüstert:
„Du bist es, mit dir will ich alt werden, ich
liebe dich bedingungslos, ich bleibe"...

Ich bin bei mir.

Meine Seele erhebt sich aus dem Nest und
ich fliege, fliege mitten in den Himmel
hinein, als neuer Mensch und öffne mich
für die Welt, und wenn du magst, fliege mit
mir, du und ich, geheilt und ganz,
verbunden durch die Liebe, die nie
erlischt.

Jetzt

Ich will dich nicht zurück,
Ich will dich jetzt!

Stumme Erinnerung

Jetzt, da ich die Linie überschreite, legt
sich Traurigkeit auf mich.
Ich verliere dich aus den Augen.
Du umgibst mich nicht mehr und dein
Wesen verflüchtigt sich.
Blicke ich zurück, kann ich dich als
Schatten erkennen.
Vergebens suche ich nach der Schönheit in
deinem Gesicht.
Du starrst mit lebloser Maske und ich
frage mich:
Hast auch du dich aus den Augen
verloren?
Ich wende mich ab und überschreite die
Linie.
Ich mache mich auf, dein Wesen, das mich
berührt hat, zu finden.
Die Versuchung, dich zu suchen, lasse ich
zurück und vertraue dem erfinderischen
Geist, dich zu finden.
Die stumme Erinnerung wird mein Führer
sein.

Vertrauen

Vertrauensvoll wähl' ich den Weg, weg von
dir.
Ich lass dein Sein und führe mich zu mir.
Ich schliesse die Tore, lasse los.
Lass mich gleiten in Mutters Erde Schoss.
Möge der grosse Geist mich lenken.
Einfach sein und nicht mehr denken.

Versprechen

Deine Versprechen, folgenreiche
Versprecher.
Worthülsen, wahllos gepflückt, gestreut
und weggeworfen.
Ich habe dir geglaubt.
Heute weiss ich es besser.

Nichts

Du bist weg, was bleibt?

Nichts.

Glück

Du wolltest so viel mit mir,
oder sogar alles.
Und gabst mir zum Schluss das einzig
wahre Glück:
Nicht mit dir alt werden zu müssen...

Träume

Du warst die Erfüllung meiner Träume,
und mein Albtraum.
Du warst mir Heilige und Dirne.
Du gabst mir alles und nichts.

Es war von allem zu viel und von allem zu
wenig.

Kopfgeburt

Als du das erste Mal zu mir kamst,
holtest du die Bestätigung, dass ich es bin.

Als du das letzte Mal zu mir kamst,
holtest du dir die Bestätigung, dass ich es
nicht bin.

Kopfgeburt einer fehlgeleiteten Liebe.

Nullsummenspiel

Du gabst mir das Schönste
und du gabst mir das Schlimmste.

Am Schluss ein Nullsummenspiel.

Armer Mensch

Du hast den Schoss einer Frau
und weisst ihn mit deinem erwachsenen
Verstand sehr wohl zu deinen Gunsten
einzusetzen.

Du hast die Seele eines kleinen Mädchens
und bist nicht in der Lage eine Beziehung
zu leben, weil es Dich dort als reife Frau
nicht gibt.

Und so schreit dein Schoss immerzu nach
Befriedigung, und deine Seele nach
Anerkennung. Du bist gefangen im Nichts,
zwischen Sucht und Verletzlichkeit.

Armer Mensch

Feenland

Du kamst herab geflogen und hast mich
mit deiner Fruchtbarkeit in dein Feenland
gelockt.

Erfüllung hast du mir geschenkt und
Träume in den Himmel wachsen lassen.

Doch die Fee mit ihren Landen verblasste
und der Mensch dahinter zeigte sich mehr
und mehr.

Und die Verlockungen des Menschen
waren gering, war ich doch der Fee und
nicht dem Menschen erlegen.

Was war?

War sie wirklich, unsere Beziehung?
Oder war alles nur Ficktion?

Jenseits der Zeit

Ich bin wieder ich.
Du bist wieder Du.

Es wurde auch Zeit.

Wir sind es...
Jenseits der Zeit.

Ich liebe dich

Und dennoch,
oder vielleicht auch gerade deswegen,
oder weshalb auch immer...

Ich liebe Dich...!

Im Reinen

Dich zu lieben bedeutet,
mit sich im Reinen zu sein.

Und jetzt?

Alles ist gesagt, alles ist gefühlt, alles ist vorbei.

Und jetzt?
Möchtest du mich kennen lernen?
Ich dich schon...